RECETTES
FAIT MAISON

30 recettes festives et chaleureuses
élaborées avec amour.

NOËL

RECETTES
FAIT
MAISON

30 recettes festives et chaleureuses
élaborées avec amour.

NOËL

Made by. Made by. Made by. Made by.

ÉVA
HARLÉ

hachette
CUISINE

Photographies : Frédéric Lucano
Stylisme : Sonia Lucano

SOMMAIRE

APÉRITIFS & ENTRÉES

1. 
2. 
3. 
4. 
5. 
6. 
7. 
8. 
9. 
10. 

PLATS

1.

2.

3.

4.

5.

6.

7.

8.

9.

10.

11.

12.

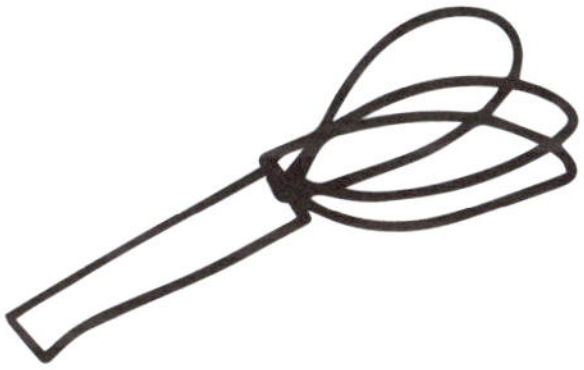

DESSERT

1.

2.

3.

4.

5.

6.

7.

8.

RECETTES FAIT MAISON

INTRODUCTION

Noël en famille ?
Ou Noël entre amis ?
Dans tous les cas, Noël rime avec fête,
bons petits plats et convivialité.

Dans cet ouvrage, j'ai décidé de regrouper des entrées, des plats et des desserts de Noël français assez classiques et traditionnels. Comme le fait de servir des huîtres ou des escargots. Dans ma famille, nous sommes plutôt adeptes de plusieurs petites entrées en guise de réveillon. La dinde sera réservée au 25. En Moselle, nous fêtons Noël encore le 26 où nous mangeons souvent les restes du 25 et un plateau de fruits de mer.

COMMENT BIEN S'ORGANISER ?

Comment s'en sortir entre toutes les différentes préparations sans être débordé lorsque les invités sont arrivés ? Préparer à l'avance, bien sûr !

Le dessert peut se préparer la veille, voire plusieurs jours avant, si vous optez pour le choix du dessert glacé. La génoise de la bûche ou la pâte sablée peut également se cuire la veille.

La salade de fruits peut se préparer le matin pour qu'elle puisse mariner tout l'après-midi.

Les petits feuilletés pour l'apéritif peuvent se préparer plusieurs jours auparavant et se congeler. (Vous pouvez même faire double dose pour en avoir toujours sous la main.)

Puis, en ce qui concerne les gros plats qui mijotent ou cuisent au four pendant plusieurs heures, c'est encore plus facile : vous les préparez le matin ou même la veille, et il n'y a plus qu'à les réchauffer juste avant de passer à table. De plus, les plats qui mijotent sont souvent meilleurs réchauffés !

La salade peut être lavée la veille et être conservée dans un sachet hermétique avec une feuille de papier absorbant pour qu'elle ne sèche pas.

Faites les courses plusieurs jours à l'avance et, la veille, achetez uniquement les produits frais. Vous gagnerez un temps considérable.

Pas d'inquiétude, en étant bien organisé, vous pourrez profiter de vos invités tout en ayant tout cuisiné.

STAUB

LE MATÉRIEL INDISPENSABLE

- 1 cocotte, de préférence en fonte ou avec un revêtement épais : c'est le secret de la réussite des plats mijotés !
- 1 robot : pour râper, mixer, hacher toutes sortes de préparations.
- Saladiers de différentes tailles : pour faire mariner la viande ou préparer des pâtes à tarte et à gâteaux.
- Différents moules à gâteaux et moules à tartes : pour réaliser gâteaux, tartes et quiches maison.
- Plat à gratin.
- Cuillères en bois : pour remuer tout type de préparations.
- Spatule souple (maryse) : elle permet de racler le fond des casseroles et saladiers.
- Moule à terrine : indispensable pour réaliser des terrines et pâtés.
- Petits ramequins et verrines : pour servir des portions individuelles.
- Un rouleau à pâtisserie.
- Des grands plateaux : pour présenter joliment les plats.

APÉRITIFS & ENTRÉES

HUÎTRES GRATINÉES

4 | **PRÉPARATION 20 min** | **CUISSON 18 min** |

INGRÉDIENTS

24 huîtres • 2 échalotes • 1 noix de beurre • 5 cl de vin blanc sec • 10 cl de crème fraîche liquide • 120 g de fromage râpé • Poivre

1. Ouvrez les huîtres. Détachez-les de leur coquille en coupant leur petit tendon. Réservez l'eau des huîtres dans un petit bol.

2. Épluchez et ciselez finement les échalotes. Faites fondre le beurre dans une petite casserole et faites revenir les échalotes. Déglacez avec le vin blanc et la moitié de l'eau des huîtres. Laissez réduire pendant 5 min. Poivrez et ajoutez la crème liquide. Mélangez.

3. Préchauffez le four à 200 °C (th. 6-7). Déposez les huîtres dans un plat allant au four. Répartissez la sauce sur les huîtres, sans trop en mettre. Saupoudrez de fromage râpé.

4. Faites cuire 10 min, le temps que le fromage gratine, et servez bien chaud.

MAGRET DE CANARD SÉCHÉ

1 magret | **PRÉPARATION** 10 min | **RÉFRIGÉRATION** 12 h + 3 semaines

MATÉRIEL

1 boîte en plastique ou en verre

INGRÉDIENTS

1 magret de canard (330 g environ) • 500 g de gros sel de Guérande • 1 pincée d'herbes de Provence • Poivre

1. Répartissez 250 g de gros sel dans une boîte en plastique. Posez le magret par-dessus et recouvrez-le des 250 g de sel restants. Il faut bien égaliser, on ne doit plus voir la viande. Ne fermez pas la boîte et mettez-la pendant 12 h dans le bas du réfrigérateur.

2. Retirez le gros sel. Rincez le magret sous l'eau claire et épongez-le bien avec du papier absorbant. Recouvrez-le de poivre et d'herbes de Provence. Posez-le sur un torchon propre (mais qui ne sent pas la lessive !), enroulez-le et posez-le dans la boîte en plastique ouverte.

3. Placez cette boîte dans le bas du réfrigérateur pendant 3 semaines (pas dans le bac à légumes, mais sur un étage au-dessus). Après ces 3 semaines, le magret est prêt !

CONSEIL

Servez le magret de canard coupé en fines tranches pour l'apéritif ou sur une salade composée.

TERRINE VÉGÉTALE AUX NOIX

6

PRÉPARATION 20 min | **CUISSON** 50 min | **RÉFRIGÉRATION** 24 h

MATÉRIEL

1 robot mixeur • 1 moule à terrine

INGRÉDIENTS

100 g de lentilles vertes • 1 clou de girofle • 1 feuille de laurier • 60 g de noix • 1 petite échalote • 1 cuil. à café d'huile d'olive • 100 g de tofu fumé • 1 gousse d'ail • 2 cuil. à café de sauce soja • 1 pincée de quatre-épices

1. Faites cuire les lentilles pendant 20 min avec le clou de girofle et la feuille de laurier dans une casserole d'eau bouillante. Égouttez les lentilles et laissez-les tiédir.

2. Concassez grossièrement les noix.

3. Épluchez et émincez finement l'échalote. Versez l'huile d'olive dans une poêle et faites revenir l'échalote. Elle doit être légèrement dorée.

4. Dans le bol du robot mixeur, mixez d'abord le tofu fumé. Ajoutez ensuite les lentilles, l'échalote, la gousse d'ail épluchée, la sauce soja et le quatre-épices. Mixez par à-coups jusqu'à l'obtention d'une texture épaisse mais avec encore quelques morceaux.

5. Ajoutez les noix concassées. Mélangez bien.

6. Préchauffez le four à 180 °C (th. 6).

7. Tassez bien la préparation dans un moule à terrine ou dans un contenant allant au four, à l'aide d'une cuillère à soupe ou d'une spatule.

8. Faites cuire pendant 20 à 25 min jusqu'à ce que le dessus soit légèrement doré.

9. Laissez refroidir à température ambiante avant de réserver au réfrigérateur pendant 24 h. Les arômes se développeront bien et la terrine prendra une belle texture. Servez avec des grosses tranches de pain de campagne et des cornichons.

BISQUE DE LANGOUSTINE

4 | **PRÉPARATION** 20 min | **CUISSON** 50 min

MATÉRIEL

1 blender ou un 1 mixeur plongeant • 1 passoire fine

INGRÉDIENTS

400 g de langoustines cuites • 2 échalotes • 1 gousse d'ail • 2 carottes • 1 cuil. à café d'huile d'olive • 15 cl de vin blanc • 2 cuil. à café de concentré de tomates • 1 feuille de laurier • Persil frais haché • 4 pistils de safran • 40 cl d'eau • 5 cl de crème liquide • Sel et poivre

1. Décortiquez les langoustines. Réservez la chair pour une autre utilisation. Conservez les têtes et les carapaces.

2. Épluchez et émincez finement les échalotes et l'ail. Épluchez les carottes et coupez-les en petits cubes.

3. Dans une cocotte, versez l'huile d'olive. Sur feu vif, puis déposez les carapaces et les têtes des langoustines. Faites cuire pendant 2 ou 3 min et ajoutez les échalotes et les carottes. Laissez cuire pendant 10 min en remuant de temps en temps. Les carcasses doivent dorer.

4. Déglacez avec le vin blanc. Laissez réduire pendant 5 min. Ajoutez le concentré de tomates, l'ail, le laurier, le persil frais et le safran. Salez et poivrez. Remuez et ajoutez l'eau. Laissez mijoter pendant 30 min à feu moyen en remuant de temps en temps.

5. Mixez la préparation dans un blender ou avec un mixeur plongeant. Filtrez la préparation à l'aide d'une passoire fine. Ajoutez la crème liquide, mélangez et servez bien chaud.

CONSEIL

Servez les langoustines à l'apéritif avec une mayonnaise ou avec un filet de jus de citron.

CROISSANTS AU SAUMON

16 croissants

PRÉPARATION 20 min | **CUISSON** 15 à 20 min

INGRÉDIENTS

1 pâte feuilletée ronde prête à dérouler • 16 cuil. à café de fromage frais • 1 cuil. à soupe d'herbes séchées • 2 tranches de saumon fumé • 1 jaune d'œuf (pour la dorure) • 2 cuil. à soupe de graines de sésame • Poivre

1. Préchauffez le four à 180 °C (th. 6).

2. Déroulez la pâte feuilletée et, à l'aide d'un couteau, coupez 16 parts (comme un soleil). Aux extrémités, déposez 1 cuil. à café de fromage frais, des herbes séchées et un morceau de saumon fumé. Poivrez.

3. Roulez la pâte sur elle-même jusqu'à l'obtention d'un petit croissant.

4. Déposez les croissants sur une plaque de four recouverte de papier sulfurisé. Badigeonnez-les de jaune d'œuf à l'aide d'un pinceau et saupoudrez de graines de sésame.

5. Faites cuire pendant 15 à 20 min jusqu'à ce qu'ils soient bien dorés.

CONSEIL

Préparez les croissants à l'avance et congelez-les.
Passez-les au four 10 min environ pour les réchauffer et servez-les tièdes.

VELOUTÉ DE CHÂTAIGNES AU FOIE GRAS

4 | **PRÉPARATION** 10 min | **CUISSON** 10 min

MATÉRIEL

1 blender ou 1 mixeur plongeant

INGRÉDIENTS

400 g de châtaignes (en bocal, déjà cuites) • 10 cl d'eau • 40 cl de lait demi-écrémé • 1 cube de bouillon de légumes • 4 très fines tranches de foie gras • Persil frais haché • Sel et poivre

1. Dans une casserole, déposez les châtaignes, l'eau et le lait. Faites cuire à feu moyen pendant environ 20 min avec le cube de bouillon. Salez légèrement et poivrez.

2. Mixez très finement la préparation à l'aide d'un mixeur plongeant ou d'un blender.

3. Versez le velouté dans 4 assiettes à soupe et déposez dessus les très fines tranches de foie gras grossièrement coupées. Ajoutez le persil et poivrez.

VARIANTE

Si vous ne mangez pas de foie gras, vous pouvez le remplacer par des noisettes grillées, des lardons fumés ou du tofu fumé.

POÊLÉE DE SAINT-JACQUES ET SAUCE AU CURRY

4 | PRÉPARATION 10 min | CUISSON 20 min

MATÉRIEL

1 petite passoire

INGRÉDIENTS

1 échalote • 1 noix de beurre • ¼ de cuil. à café de curry (ou curcuma ou safran) • 5 cl de vin blanc sec • 12 cl de crème liquide • 1 cuil. à café d'huile d'olive • 400 g de noix de Saint-Jacques (avec corail) • Sel et poivre

1. Préparez la sauce : épluchez et émincez finement l'échalote. Faites fondre le beurre dans une petite casserole. Faites revenir l'échalote dans le beurre. Remuez jusqu'à ce que l'échalote soit translucide. Salez, poivrez et ajoutez le curry. Versez le vin blanc et laissez réduire. Ajoutez la crème liquide et laissez épaissir la sauce pendant environ 10 min. Filtrez la sauce à l'aide d'une petite passoire.

2. Préparez les Saint-Jacques : faites chauffer l'huile d'olive dans une poêle. Faites dorer les noix de Saint-Jacques pendant environ 3 min d'un côté, puis retournez-les et laissez-les cuire 1 min sur l'autre face. Servez-les avec la sauce.

CONSEIL

Vous pouvez ajouter sur l'assiette un petit fleuron en pâte feuilletée, de la salade ou une petite dose de riz.

SALADE FESTIVE ET BLINIS

12 | **PRÉPARATION 20 min** | **CUISSON 5 min**

MATÉRIEL

1 poêle antiadhésive

INGRÉDIENTS

Pour 12 blinis : 1 œuf • 1 yaourt nature • 1 pot de farine (le pot vide du yaourt) • 1 sachet de levure chimique (11 g) • 1 pincée de sel **Pour la vinaigrette :** 3 cuil. à soupe d'huile d'olive • 1 cuil. à soupe de vinaigre de framboise • 1 cuil. à soupe de vinaigre balsamique • Sel et poivre **Pour la salade :** 1 pomme • 50 g de comté • 125 g de mâche • 1 cuil. à soupe de pignons de pin • 10 tranches fines de magret de canard séché (voir p. 20) • Sel et poivre

1. Préparez les blinis : cassez l'œuf dans un saladier, ajoutez le contenu du yaourt et fouettez. Versez, sans cesser de battre, la farine, la levure chimique et le sel. Faites des petits tas de pâte à l'aide d'une cuillère à soupe dans une poêle antiadhésive. Laissez-les cuire 2 min et retournez-les à l'aide d'une spatule, faites-les cuire sur l'autre face quelques secondes jusqu'à ce qu'ils soient dorés. Déposez-les au fur et à mesure sur une assiette.

2. Préparez la vinaigrette : dans un petit bol, mélangez l'huile, les vinaigres, salez et poivrez. Réservez.

3. Préparez la salade : pelez la pomme et coupez-la en lamelles. Coupez le comté en dés. Dans un saladier, mélangez la mâche, les lamelles de pomme, les dés de comté et les pignons de pins. Déposez sur la salade les tranches de magret de canard séché et arrosez de vinaigrette. Dégustez la salade accompagnée de blinis.

TARTARE DE SAINT-JACQUES À LA POMME

2 | PRÉPARATION 10 min | RÉFRIGÉRATION 30 min

MATÉRIEL

2 verrines

INGRÉDIENTS

6 noix de Saint-Jacques (sans corail) • Le jus de 1 citron vert • 1 pomme granny-smith (pomme verte) • Sel et poivre

1. Coupez les noix de Saint-Jacques en petits cubes et déposez-les dans un bol. Arrosez-les de jus de citron vert, salez et poivrez. Laissez mariner pendant 30 min au réfrigérateur.

2. Répartissez le tartare de Saint-Jacques dans 2 verrines.

3. Au moment de servir, coupez la pomme en lamelles très fines et déposez-en quelques-unes sur le tartare. Servez bien frais.

VARIANTE

Remplacez la pomme par de la truffe fraîche.

ESCARGOTS

4 | PRÉPARATION 15 min | CUISSON 15 min |

INGRÉDIENTS
½ litre d'eau • 1 cube de bouillon de légumes • 1 feuille de laurier • 3 gousses d'ail • 1 bouquet de persil plat frais • 150 g de beurre ramolli • 48 escargots • 48 coquilles d'escargots vides • Sel et poivre

1. Faites chauffer l'eau dans une casserole avec le cube de bouillon et la feuille de laurier.

2. Épluchez l'ail. Hachez finement le persil et l'ail. Mélangez-les avec le beurre légèrement ramolli. Salez et poivrez.

3. Préchauffez le four à 200 °C (th. 6-7).

4. Rincez les escargots sous l'eau froide. Nettoyez-les et ne gardez que le pied (le muscle). Placez un pied d'escargot dans chaque coquille vide. Déposez 1 cuil. à café de bouillon dans chaque coquille, puis bouchez le trou avec le beurre d'escargot. Disposez les coquilles au fur et à mesure dans un plat. Renouvelez l'opération jusqu'à épuisement des ingrédients.

5. Enfournez pendant 10 min jusqu'à ce que le beurre soit frémissant. Servez immédiatement.

À SAVOIR
Vous pouvez congeler le plat avec les coquilles telles quelles si vous préparez les escargots à l'avance.

PLATS

DINDE AUX MARRONS

6/8

PRÉPARATION 30 min | **REPOS** 30 min | **CUISSON** 3 h

MATÉRIEL

1 pinceau

INGRÉDIENTS

1 dinde de 3 kg • 5 cl d'huile d'olive • 10 cl de bouillon (eau + 1 cube de bouillon de légumes) • 3 gousses d'ail • 1 feuille de laurier • 1 branche de thym • 250 g de marrons (en bocal) • 40 g de beurre **Pour la farce :** 100 g de pain • 10 cl de lait • 3 échalotes • 1 gousse d'ail • 50 g de marrons (en bocal) • 300 g de porc et de veau hachés (150 g de chaque) • 1 œuf • 5 cl de cognac • Sel et poivre

1. Préchauffez le four à 190 °C (th. 6-7).

2. Préparez la farce : faites tremper le pain coupé en morceaux avec le lait dans un bol. Épluchez et émincez finement les échalotes et l'ail. Coupez les marrons en petits morceaux. Dans un saladier, mélangez les viandes hachées, l'œuf, le pain imbibé de lait, les échalotes, l'ail, les marrons et le cognac. Salez et poivrez. Malaxez avec les mains jusqu'à ce que la farce soit homogène.

3. Remplissez la dinde de farce et refermez avec des petites piques en bois pour ne pas qu'elle s'échappe. Déposez la dinde dans un plat et badigeonnez-la d'huile d'olive à l'aide d'un pinceau. Déposez le bouillon dans le fond du plat. Ajoutez 3 gousses d'ail non épluchées, 1 feuille de laurier et 1 branche de thym.

4. Enfournez la dinde pendant 2 h 30 en l'arrosant de jus de cuisson toutes les 20 min.

5. Sortez la dinde, puis déposez les marrons tout autour et des noisettes de beurre sur les marrons. Faites cuire pendant 30 min à 210 °C (th. 7).

6. À la fin de la cuisson, éteignez le four et couvrez la dinde de papier aluminium pendant 30 min. Récupérez la sauce dans le fond du plat. Servez la dinde coupée en tranches avec la farce, les marrons et la sauce.

MARMITE DE LA MER

4 | **PRÉPARATION** 20 min | **CUISSON** 50 min

MATÉRIEL

4 mini-cocottes

INGRÉDIENTS

400 g de filets de colin • 1 blanc de poireau • 1 noix de beurre • 10 cl de vin blanc • 1 cuil. à soupe de Maïzena® (fécule de maïs) • 15 cl de crème liquide • 200 g de fruits de mer surgelés • 1 cuil. à soupe de persil haché • 1 pincée de noix muscade • ½ cuil. à café de curcuma • 50 g de fromage râpé • Sel et poivre

1. Préchauffez le four à 180 °C (th. 6). Déposez les filets de poisson dans un plat allant au four et enfournez pendant 15 min. Ils doivent être à moitié cuits. Coupez-les en morceaux et déposez-les dans 4 mini-cocottes. Réservez.

2. Dans une poêle, faites revenir le poireau émincé finement dans une noix de beurre pendant quelques minutes, jusqu'à ce qu'il devienne translucide. Versez le vin blanc et faites réduire pendant 3 min à feu moyen.

3. Diluez la Maïzena® dans la crème liquide froide et versez-la sur les poireaux. Remuez.

4. Ajoutez les fruits de mer, le persil, la noix muscade, le poivre, 1 pincée de sel et le curcuma. Laissez mijoter à feu doux pendant 10 min.

5. Versez la sauce sur le poisson, dans les cocottes. Saupoudrez de fromage râpé.

6. Enfournez les cocottes pendant 15 à 20 min à 180° C (th 6), jusqu'à ce que le fromage soit bien fondu. Accompagnez de riz ou de tagliatelles.

STAUB

RISOTTO AUX TOMATES SÉCHÉES

4 | **PRÉPARATION 15 min** | **CUISSON 30 min**

MATÉRIEL

1 sauteuse

INGRÉDIENTS

150 g de tomates séchées • Bouillon de légumes (1 l d'eau + 2 cubes de bouillon de légumes) • 1 oignon • 20 g de beurre • 250 g de riz rond • 15 cl de vin blanc sec • 80 g de parmesan râpé • Poivre

1. Sortez les tomates séchées de l'huile, égouttez-les légèrement. Coupez-les en petits morceaux.

2. Faites chauffer le bouillon de légumes jusqu'à frémissements.

3. Épluchez et émincez l'oignon. Faites fondre le beurre dans une sauteuse, puis faites revenir l'oignon et le riz. Remuez jusqu'à ce que le riz soit bien enrobé et laissez cuire jusqu'à ce qu'il devienne légèrement nacré.

4. Versez le vin blanc et laissez-le totalement s'évaporer. Ajoutez les tomates séchées.

5. Versez une louche de bouillon après l'autre, en attendant bien que chaque louche soit évaporée avant de rajouter la suivante. Remuez régulièrement à l'aide d'une cuillère en bois. Renouvelez l'opération jusqu'à épuisement du bouillon. Il faut compter environ 20 min de cuisson.

6. Ajoutez le parmesan râpé lorsque le riz est cuit. Poivrez et dégustez.

CREVETTES À L'ANTILLAISE

2 | PRÉPARATION 10 min | CUISSON 15 min

MATÉRIEL

1 wok • 2 mini-cocottes

INGRÉDIENTS

300 g de crevettes fraîches • 2 échalotes • 1 cuil. à soupe d'huile d'olive • 4 tomates pelées, coupées en petits cubes • Le jus de 1 citron vert • Persil • Noix muscade • Piment d'Espelette • Sel et poivre

1. Décortiquez les crevettes. Épluchez et ciselez les échalotes.

2. Versez l'huile d'olive dans un wok ou une poêle. Faites revenir les échalotes.

3. Ajoutez les cubes de tomates. Versez le jus de citron vert, parsemez de persil, salez et poivrez.

4. Ajoutez les crevettes et laissez cuire 10 min environ à feu moyen. Saupoudrez de noix muscade et de piment d'Espelette.

5. Répartissez dans 2 mini-cocottes et accompagnez de riz.

PARMENTIER AU CONFIT DE CANARD

4 | **PRÉPARATION** 25 min | **CUISSON** 1 h

MATÉRIEL

1 presse-purée • 1 plat à gratin

INGRÉDIENTS

1 kg de pommes de terre bintje • Noix muscade • 20 cl de lait • 20 g de beurre • 4 cuisses de canard confites (en conserve, avec la graisse) • 2 échalotes • 5 cl de vin blanc • Sel et poivre

1. Préparez la purée : épluchez les pommes de terre, coupez-les en cubes et faites-les cuire pendant 25 min dans un grand volume d'eau bouillante salée. Égouttez-les.

2. Écrasez les pommes de terre à l'aide d'un presse-purée, salez, poivrez, ajoutez de la noix muscade. Fouettez ensuite la purée en ajoutant le lait petit à petit, jusqu'à ce qu'elle soit bien lisse. Ajoutez le beurre, remuez. Réservez.

3. Préchauffez le four à 180 °C (th. 6).

4. Sortez les cuisses de canard confites et passez-les sous l'eau tiède pour retirer le maximum de graisse. Dépiautez les cuisses et déposez le tout dans un plat.

5. Prélevez un tout petit peu de graisse de canard, faites-la fondre dans une poêle et faites revenir les échalotes épluchées et émincées. Faites-les cuire quelques minutes, puis, lorsqu'elles sont translucides, versez le vin blanc. Faites cuire encore 2 ou 3 min.

6. Mélangez les échalotes au confit de canard, salez et poivrez. Déposez le tout dans un plat à gratin. Versez la purée par-dessus. Faites des stries sur le dessus à l'aide d'une fourchette.

7. Enfournez le parmentier de canard pendant 30 min. Servez accompagné de salade.

TRESSE FEUILLETÉE AU SAUMON ET AUX ÉPINARDS

4 | PRÉPARATION 10 min | CUISSON 35 min

MATÉRIEL

1 sauteuse • 1 pinceau

INGRÉDIENTS

400 g d'épinards frais • 1 cuil. à soupe d'huile d'olive • 2 échalotes • 2 pavés de saumon • 1 pâte feuilletée ronde • 1 jaune d'œuf (pour la dorure) • Poivre

1. Rincez les épinards. Faites chauffer l'huile d'olive dans une sauteuse, puis déposez les épinards et les échalotes épluchées et émincées. Laissez-les réduire pendant quelques minutes. Lorsqu'ils sont cuits, égouttez-les et laissez-les refroidir.

2. Dans une casserole d'eau bouillante, faites cuire les pavés de saumon pendant 4 ou 5 min. Égouttez-les délicatement, retirez la peau et émiettez-les grossièrement.

3. Préchauffez le four à 180 °C (th. 6).

4. Déroulez la pâte feuilletée sur une plaque de four recouverte de papier sulfurisé. Laissez au centre de la pâte l'équivalent d'un grand rectangle où vous déposerez la garniture, puis découpez des bandes de pâte d'environ 1,5 cm de largeur sur les grands côtés du rectangle.

5. Déposez les épinards au centre puis le saumon émietté. Poivrez. Rabattez les deux extrémités de la pâte sur la garniture, puis alternez une bande de gauche, puis une bande de droite. Vous allez obtenir une jolie tresse.

6. Badigeonnez la tresse de jaune d'œuf à l'aide d'un pinceau.

7. Enfournez pendant 25 min jusqu'à ce que la pâte soit bien dorée. Servez et dégustez.

FILET DE BŒUF EN CROÛTE

6 | PRÉPARATION 25 min | CUISSON 30 min

MATÉRIEL

1 pinceau

INGRÉDIENTS

3 cuil. à soupe d'huile d'olive • 1 kg de filet de bœuf • 500 g de champignons de Paris frais • 1 échalote • 1 noix de beurre • 5 cl de cognac • 2 cuil. à soupe de persil frais haché • 1 pâte feuilletée • 1 jaune d'œuf (pour la dorure) • Sel et poivre

1. Faites chauffer l'huile d'olive dans une poêle. Faites revenir le filet de bœuf à feu vif sur tous les côtés pour qu'il colore. Réservez.

2. Nettoyez les champignons. Épluchez et émincez l'échalote. Faites revenir le tout dans une poêle avec une noix de beurre. En fin de cuisson, ajoutez le cognac et le persil, salez et poivrez. Laissez réduire.

3. Préchauffez le four à 200 °C (th. 6-7).

4. Étalez la pâte feuilletée sur une plaque de four recouverte d'une feuille de papier sulfurisé. Disposez la poêlée de champignons puis le filet de bœuf au centre. Rabattez la pâte feuilletée autour du filet de bœuf et soudez les bords avec du jaune d'œuf. Dorez le dessus de la pâte avec le reste de jaune d'œuf à l'aide d'un pinceau.

5. Enfournez le filet de bœuf pendant 20 min. Servez accompagné de salade verte.

JOUES DE PORC À LA BIÈRE

6 | PRÉPARATION 25 min | CUISSON 3 h 10 |

MATÉRIEL

1 cocotte

INGRÉDIENTS

1 cuil. à soupe d'huile d'olive • 1 kg de joues de porc • 2 gros oignons • 200 g de lardons • 1 cuil. à soupe de farine • 1 cuil. à soupe de miel • 33 cl de bière brune • 15 cl d'eau • Origan séché • 1 feuille de laurier • Sel et poivre

1. Faites chauffer l'huile d'olive dans une cocotte. Faites revenir les joues de porc sur toutes les faces à feu vif, jusqu'à ce qu'elles soient bien dorées. Retirez-les et réservez-les sur une assiette.

2. Faites revenir les lardons et les oignons épluchés et émincés dans la même cocotte pendant quelques minutes. Lorsqu'ils sont grillés, baissez le feu et remettez les joues de porc. Laissez-les griller pendant quelques minutes sur toutes les faces.

3. Saupoudrez de farine et mélangez. Versez le miel, la bière brune et l'eau. Salez légèrement (les lardons sont déjà salés), poivrez, ajoutez de l'origan séché et la feuille de laurier.

4. Mettez le couvercle sur la cocotte. Laissez mijoter pendant 2 h 30 à 3 h à feu doux en remuant de temps en temps.

5. Servez accompagné de spätzles ou de tagliatelles.

FILET MIGNON EN COCOTTE

4

PRÉPARATION 15 min | **RÉFRIGÉRATION** 1 h | **CUISSON** 55 min

MATÉRIEL

1 cocotte en fonte

INGRÉDIENTS

1 filet mignon de 450 g • 500 g de pommes de terre rattes • 3 grosses carottes • 1 cuil. à soupe d'huile d'olive • 1 cuil. à soupe de fond de veau • 25 cl d'eau • Sel et poivre
Pour la marinade : 5 cuil. à soupe d'huile d'olive • 2 cuil. à soupe de sauce soja • 15 cl de vin blanc sec • Romarin • 1 feuille de laurier • 1 gros oignon • 1 gousse d'ail

1. Préparez la marinade : mélangez l'huile d'olive, la sauce soja, le vin blanc, du romarin, le laurier, l'oignon épluché et émincé grossièrement, et l'ail épluché. Placez le filet mignon dedans et laissez mariner pendant 1 h au réfrigérateur.

2. Pendant ce temps, épluchez les pommes de terre et les carottes. Coupez les carottes en rondelles.

3. Après le temps de repos, faites chauffer 1 cuil. à soupe d'huile d'olive dans une cocotte en fonte. Faites revenir le filet mignon sur toutes ses faces à feu vif pendant quelques minutes. Baissez le feu.

4. Ajoutez les pommes de terre et laissez cuire quelques minutes. Ajoutez le fond de veau, l'eau, les rondelles de carottes, puis la marinade. Laissez mijoter pendant 45 min à feu doux avec le couvercle, en remuant de temps en temps. Salez et poivrez.

5. Sortez le filet mignon, les pommes de terre et les carottes de la cocotte. Coupez le filet mignon en tranches.

6. Faites réduire la sauce dans la cocotte à feu vif pendant quelques minutes avant de servir avec le filet mignon, les pommes de terre et les carottes.

SAUMON GRAVLAX

6 | PRÉPARATION 20 min | RÉFRIGÉRATION 48 h

INGRÉDIENTS

1 filet de saumon de 800 g environ • 100 g de gros sel • 100 g de sucre roux • 5 brins d'aneth frais • 1 citron jaune • Poivre

1. Rincez le saumon et essuyez-le bien à l'aide de papier absorbant. Retirez toutes les arêtes à l'aide d'une pince à épiler.

2. Saupoudrez le saumon de sel et de sucre. Déposez de l'aneth dessus. Enrobez-le bien dans du film alimentaire, de manière à ce qu'il soit enroulé dans sa croûte sel-sucre. Placez-le dans un plat et laissez mariner pendant 48 h au réfrigérateur.

3. Quand les 48 h sont passées, enlevez le film alimentaire, rincez le saumon et essuyez-le à l'aide de papier absorbant. Coupez-le en fines lamelles et déposez-les dans un plat. Poivrez et décorez de tranches de citron et d'aneth.

À SAVOIR

Le saumon en gravlax ou gravlax est en fait du saumon que l'on aura fait mariner pendant 48 h dans un mélange de sel et de sucre. Coupé en fines tranches sur du pain avec une sauce au fromage blanc, cela fera une belle entrée festive !

PALLARES INOX
SOLSONA

BAECKEOFFE

6/8

PRÉPARATION 30 min | **RÉFRIGÉRATION** 24 h | **CUISSON** 3 h

MATÉRIEL

1 terrine

INGRÉDIENTS

400 g d'épaule de porc • 400 g de paleron de bœuf • 400 g d'épaule d'agneau • 75 cl de vin blanc sec (riesling) • 2 poireaux • 4 carottes • 1 oignon • 1 feuille de laurier • 2 baies de genièvre • 2 clous de girofle • 2 kg de pommes de terre • 100 g de farine + eau • Sel et poivre

1. La veille, coupez la viande en gros cubes. Faites-la mariner dans le vin blanc avec le blanc des poireaux émincé, les carottes et l'oignon épluchés et coupés en rondelles. Ajoutez le laurier, les baies de genièvre, les clous de girofle, salez et poivrez. Couvrez de film alimentaire et laissez reposer pendant 24 h au réfrigérateur.

2. Le lendemain, épluchez les pommes de terre et coupez-les en rondelles assez fines.

3. Remplissez une terrine en alternant les couches : commencez par une couche de pommes de terre. Salez et poivrez, puis déposez la viande égouttée et les légumes. Terminez par une couche de pommes de terre.

4. Rectifiez l'assaisonnement. Versez le vin de la marinade à travers une fine passoire. Fermez le couvercle.

5. Préchauffez le four à 140 °C (th. 4-5).

6. Dans un petit bol, mélangez la farine avec un peu d'eau jusqu'à l'obtention d'une pâte élastique. Disposez cette pâte autour du couvercle de la terrine pour former un joint d'étanchéité et éviter ainsi que de la vapeur ne s'échappe.

7. Enfournez le baeckeoffe pendant 3 h. Servez sans attendre.

À SAVOIR

Ce plat est très souvent servi pour le réveillon, car il se prépare la veille et cuit tout seul au four. Il est donc très pratique à réaliser lorsque l'on reçoit des invités.

PAIN DE VIANDE AUX MARRONS

6 | **PRÉPARATION** 10 min | **REPOS** 1 h | **CUISSON** 40 min

MATÉRIEL

1 moule à cake

INGRÉDIENTS

30 g de raisins secs • 3 cuil. à soupe de cognac • 2 échalotes • 1 gousse d'ail • 150 g de marrons (en bocal) • 1 tranche de pain de mie • 5 cl de lait • 500 g de bœuf haché • 2 petits œufs • 1 cuil. à café de thym • Huile d'olive • Sel et poivre

1. Faites mariner les raisins secs dans le cognac pendant 1 h. Épluchez, puis mixez les échalotes et l'ail. Coupez grossièrement les marrons en morceaux. Faites tremper une tranche de pain de mie dans le lait.

2. Dans un saladier, mélangez les échalotes, l'ail, la viande hachée, les marrons, les raisins secs avec le cognac, les œufs et le mélange pain-lait. Mélangez jusqu'à ce que la préparation soit bien homogène, puis salez, poivrez et ajoutez du thym.

3. Préchauffez le four à 180 °C (th. 6).

4. Badigeonnez un moule à cake (ou une terrine) d'un peu d'huile d'olive et répartissez la préparation à l'intérieur. Tassez bien avec les mains.

5. Placez le moule dans un four bien chaud, pendant 30 à 40 min. Le pain de viande doit être bien grillé sur le dessus. Démoulez le pain de viande sur un plat et servez-le tiède ou froid.

DESSERTS

BÛCHE CHOCOLAT-FRAMBOISES

6 | PRÉPARATION 30 min | REPOS 12 min | RÉFRIGÉRATION 2 h

MATÉRIEL

1 batteur électrique ou 1 robot • 1 pinceau

INGRÉDIENTS

Pour la génoise : 3 œufs • 100 g de sucre en poudre • 100 g de farine • 1 cuil. à café de levure chimique **Pour la mousse et la garniture :** 100 g de chocolat noir à pâtisser • 20 cl de crème fraîche liquide à 30 % de matière grasse minimum • 10 cl de coulis de framboises • 120 g de framboises surgelées + quelques fraîches pour la déco • Copeaux de chocolat • Sujets de Noël en sucre (facultatif)

1. Préchauffez le four à 180 °C (th. 6).

2. Préparez la génoise : fouettez les œufs avec le sucre jusqu'à l'obtention d'une mousse légère et presque blanche (au moins 5 min au batteur électrique ou au robot). Tamisez la farine et la levure au-dessus, puis remuez délicatement à l'aide d'une spatule pour ne pas casser la mousse.

3. Versez la génoise sur une plaque de four recouverte de papier sulfurisé pour former un rectangle. Enfournez-la 10 à 12 min, jusqu'à ce qu'elle soit légèrement dorée. Laissez refroidir. Saupoudrez-la de sucre (pour éviter qu'elle ne colle au papier) et démoulez-la sur un plan de travail recouvert de papier sulfurisé. Réservez.

4. Préparez la mousse : faites fondre le chocolat au bain-marie. Remuez-le pour qu'il devienne bien lisse. Montez la crème liquide bien froide en chantilly (pas trop ferme). Versez le chocolat légèrement tiédi en 2 fois sur la Chantilly. Remuez délicatement pour ne pas casser la mousse. Réservez au frais.

5. Faites chauffer le coulis de framboises. Badigeonnez-en la génoise à l'aide d'un pinceau. Étalez une bonne couche de mousse au chocolat et lissez bien avec une spatule. Enfoncez légèrement les framboises dans la mousse. Roulez la génoise bien serrée sur elle-même en vous aidant du papier sulfurisé, puis enroulez la bûche dans du film alimentaire, bien serrée. Laissez-la reposer au frais pendant environ 2 h, le temps que la mousse durcisse.

6. Déposez la bûche sur un plat de service. Ôtez le film alimentaire et badigeonnez la bûche du reste de mousse au chocolat. Lissez avec une spatule. Décorez avec des copeaux de chocolat et quelques framboises fraîches, ou avec des sujets de Noël en sucre.

PANETTONE

1 panettone | **PRÉPARATION 30 min** | **REPOS 1 nuit + 3 h** | **CUISSON 40 min**

MATÉRIEL

1 robot • 1 moule à panettone ou 1 moule haut (18 cm de diamètre x 15 cm de hauteur)

INGRÉDIENTS

100 g de raisins secs • 5 cl de rhum • 20 g de levure fraîche de boulanger (ou 1 sachet de levure de boulanger déshydratée) • 16 cl de lait • 1 cuil. à soupe de sucre + 150 g de sucre • 600 g de farine • 1 g de sel • 5 œufs • 165 g de beurre ramolli + un peu pour le moule • 1 gousse de vanille • 80 g de fruits confits

1. La veille, faites mariner les raisins secs dans le rhum.

2. Le jour même, préparez le levain : dans un bol, émiettez la levure dans 10 cl de lait tiède, 1 cuil. à soupe de sucre et 100 g de farine. Couvrez et laissez reposer 1 h à température ambiante.

3. Dans le bol d'un robot, mélangez 500 g de farine, 150 g de sucre, le sel, les œufs et 6 cl de lait. Pétrissez et ajoutez le levain petit à petit. Pétrissez jusqu'à ce que la pâte devienne souple et élastique. Ajoutez 150 g de beurre mou.

4. Grattez les graines d'une gousse de vanille et incorporez-les dans la pâte, ainsi que les raisins secs égouttés et les fruits confits.

5. Couvrez de film alimentaire et laissez lever dans un endroit tiède pendant 1 h 30, jusqu'à ce que la pâte double de volume.

6. Beurrez un moule à panettone ou un moule haut.

7. Dégazez la pâte et déposez le pâton dans le moule. Laissez lever jusqu'aux trois quarts du moule, pendant 30 min.

8. Préchauffez le four à 210 °C (th. 7).

9. Badigeonnez le panettone du beurre restant fondu, puis formez une entaille en forme de croix sur le dessus.

10. Enfournez 10 min, puis baissez à 160 °C (th. 5-6) et faites cuire 30 min. Laissez-le refroidir sur une grille.

À SAVOIR

Le panettone est une brioche italienne que l'on sert traditionnellement à Noël.

GÂTEAU RENNE

8 | **PRÉPARATION** **50 min** | **RÉFRIGÉRATION** **6 h ou 1 nuit** | **CUISSON** **15 min**

MATÉRIEL

2 moules ronds de 20 cm de diamètre • 1 batteur électrique ou 1 robot

INGRÉDIENTS

Pour la ganache montée : 200 g de crème liquide • 100 g de chocolat noir à pâtisser
Pour les génoises : 4 œufs • 1 cuil. à café de vanille liquide • 120 g de sucre en poudre • 120 g de farine **Pour le sirop :** 100 g de gelée de fruits rouges • 10 cl d'eau
Pour la garniture et la déco : 100 g de fruits rouges surgelés • 60 g de chocolat noir à pâtisser • 1 boule rouge en pâte d'amande ou pâte à sucre ou bonbon

1. La veille, préparez la ganache montée. Faites bouillir 70 g de crème liquide dans une casserole, puis versez-la sur le chocolat concassé, dans un saladier. Mélangez jusqu'à ce que le chocolat soit fondu. Versez 130 g de crème liquide froide, remuez et filmez au contact de la crème. Réservez au réfrigérateur pendant 6 h ou 1 nuit.

2. Le lendemain, préparez les génoises. Préchauffez le four à 180 °C (th. 6). Fouettez les œufs avec la vanille liquide et le sucre en poudre jusqu'à ce que la préparation triple de volume. Tamisez la farine et mélangez doucement la pâte en la soulevant, pour ne pas casser la mousse. Répartissez la génoise dans deux moules, préalablement beurrés et farinés. Enfournez les deux génoises pendant 12 à 15 min, jusqu'à ce qu'elles soient bien dorées. Démoulez et laissez refroidir.

3. Préparez le sirop : faites fondre la gelée de fruits rouges et l'eau dans une petite casserole. Faites frémir jusqu'à ce que le sirop soit bien lisse. Réservez.

4. Fouettez la ganache montée au batteur électrique ou au robot, jusqu'à ce qu'elle se transforme en une mousse légère, claire et onctueuse.

5. Imbibez la première génoise de sirop. Déposez une couche de ganache montée dessus et déposez des fruits rouges surgelés. Déposez la seconde génoise par-dessus. Imbibez-la généreusement de sirop et recouvrez de ganache montée. Lissez à l'aide d'une spatule et placez le gâteau au réfrigérateur pendant 15 min, ainsi que le reste de ganache montée.

6. Recouvrez le gâteau de ganache montée et lissez bien à la spatule.

7. Dessinez sur du papier sulfurisé deux cornes avec un crayon de papier. Faites fondre le chocolat puis versez-le dans une poche à douille. Remplissez les bois du renne de chocolat, puis laissez durcir au réfrigérateur. Dessinez ensuite deux yeux en chocolat fondu, puis laissez-les durcir au réfrigérateur. Conservez au frais.

8. Au moment de servir, plantez les bois du renne dans le gâteau, ajoutez délicatement un nez rouge avec de la pâte d'amande, puis les yeux.

NUMBER CAKE DE NOËL À LA CLÉMENTINE ET AU CHOCOLAT

8 | **PRÉPARATION** 50 min | **REPOS** 6 h ou 1 nuit | **CUISSON** 15 min |

MATÉRIEL

1 batteur électrique ou 1 robot

INGRÉDIENTS

Pour la pâte sablée cannelle-clémentine : 120 g de beurre • 120 g de sucre en poudre • 1 jaune d'œuf • 1 zeste de clémentine • Le jus de 2 clémentines (assez acides, de préférence) • 200 g de farine • 1 cuil. à soupe de cannelle en poudre • 100 g de Maïzena®

Pour la ganache montée chocolat-clémentine : 100 g de crème liquide • 100 g de chocolat noir à pâtisser • Le zeste de 1 clémentine

Pour la mousse mascarpone vanille-clémentine : 150 g de mascarpone • 50 g de sucre glace • 1 cuil. à café de vanille liquide • Le zeste de 1 clémentine • 20 cl de crème liquide

Pour la décoration : 2 clémentines • 30 g de chocolat noir à pâtisser fondu • Sablé en forme d'étoile • Pépites de chocolat • Feuilles de houx en azyme

1. La veille, préparez la pâte sablée : mélangez le beurre et le sucre, et remuez jusqu'à ce que le mélange blanchisse. Ajoutez le jaune d'œuf, 1 zeste et le jus des clémentines, la farine, la cannelle et la Maïzena®. Pétrissez avec les mains jusqu'à obtenir une belle pâte souple. Ajoutez un peu de farine si elle colle. Formez une boule.

2. Préchauffez le four à 170 °C (th. 6-7). Dessinez un sapin de Noël sur du papier sulfurisé, puis découpez-le. Étalez la pâte sur un plan de travail fariné à l'aide d'un rouleau à pâtisserie. Posez le sapin sur la pâte et découpez les contours à l'aide d'un couteau. Faites-en deux. Déposez-les sur une plaque de four recouverte de papier sulfurisé.

4. Enfournez pendant environ 15 min. Ils doivent être légèrement dorés sur les bords. Laissez-les entièrement refroidir sur la plaque. Laissez reposer jusqu'au lendemain. (Évitez de les manipuler pour ne pas les casser.)

5. Préparez la ganache montée : faites bouillir 50 g de crème liquide et versez-la dans un saladier, sur le chocolat concassé. Mélangez jusqu'à ce que le chocolat soit fondu. Ajoutez le zeste de clémentine. Versez le reste de la crème liquide froide, remuez et filmez au contact de la crème. Réservez au réfrigérateur pendant 6 h ou 1 nuit.

6. Le jour même, préparez la mousse au mascarpone : dans un saladier, déposez le mascarpone, le sucre glace, la vanille liquide, le zeste de clémentine et la crème liquide. Fouettez jusqu'à ce que la Chantilly soit bien ferme et légère. Versez la mousse dans une poche à douille et réservez au frais.

7. Fouettez la ganache montée au batteur électrique ou au robot, jusqu'à ce qu'elle se transforme en une mousse légère, claire et onctueuse. Versez-la dans une poche à douille et réservez au frais.

8. Préparez la décoration : pelez 2 clémentines. Trempez quelques quartiers dans le chocolat fondu, puis laissez durcir au frais. Coupez en deux les autres quartiers et déposez-les dans un bol.

9. Posez le premier biscuit sur un plat de service. Pochez la mousse et la ganache montée dessus. Répartissez des quartiers de clémentines coupés en les enfonçant légèrement. Posez le second sapin dessus en appuyant légèrement. Pochez à nouveau la mousse et la ganache. Ajoutez les quartiers de clémentines au chocolat, un sablé en forme d'étoile tout en haut du sapin, des pépites de chocolat, des feuilles de houx en azyme...

À SAVOIR

Laissez le gâteau reposer au frais jusqu'au moment de servir. Contrairement à ce qu'on pourrait imaginer, il se coupe très facilement avec un grand couteau de cuisine.
Avec les chutes de pâte, faites des sablés en forme d'étoile ou d'autres formes pour décorer.

CRÈME BRÛLÉE AU PAIN D'ÉPICE

6 | **PRÉPARATION** 15 min | **RÉFRIGÉRATION** 3 h | **CUISSON** 1 h

MATÉRIEL

6 petits ramequins • 1 chalumeau de cuisine

INGRÉDIENTS

15 cl de lait entier • 70 g de pain d'épice (rassis, si possible) • 4 jaunes d'œufs • 40 g de sucre en poudre • 30 cl de crème liquide • 6 cuil. à soupe de sucre roux (pour caraméliser)

1. Faites chauffer le lait dans une casserole avec le pain d'épice émietté. Laissez infuser 5 min.

2. Dans un saladier, fouettez les jaunes d'œufs avec le sucre, jusqu'à ce que le mélange blanchisse. Incorporez la crème liquide et le lait chaud filtré. Remuez.

3. Versez la préparation dans 6 petits ramequins.

4. Préchauffez le four à 95 °C (th. 3-4).

5. Posez les ramequins dans un plat et versez de l'eau autour pour que les ramequins soient à moitié immergés (cuisson au bain-marie).

6. Enfournez le plat pendant 1 h. Les crèmes doivent être prises et légèrement tremblotantes au milieu.

7. Réservez au réfrigérateur pendant 3 h.

8. Au moment de servir, saupoudrez les crèmes de sucre roux, puis caramélisez-les à l'aide d'un chalumeau de cuisine.

ASTUCE

Si vous n'avez pas de chalumeau de cuisine, passez les petites crèmes sous le gril du four pendant 2 min.

SALADE D'ORANGES AUX ÉPICES

4 | **PRÉPARATION** 15 min | **RÉFRIGÉRATION** 2 h |

INGRÉDIENTS

6 oranges • 1 gousse de vanille • 15 g de sucre roux • 1 pincée de badiane en poudre (anis étoilé) • 2 pincées de cannelle en poudre • 1 pincée de poivre 5 baies • 1 badiane entière • 1 bâton de cannelle

1. Pelez les oranges à vif en prenant soin de garder les quartiers entiers.

2. Fendez la gousse de vanille en deux et grattez les grains de vanille à l'aide d'un couteau pointu.

3. Déposez les grains dans un saladier avec les oranges.

4. Ajoutez le sucre, la badiane et la cannelle en poudre, le poivre, la badiane entière et le bâton de cannelle. Mélangez.

5. Filmez la préparation et laissez-la reposer pendant 2 h minimum au réfrigérateur, le temps que les arômes se développent.

NOUGAT GLACÉ AU PRALIN

6 | PRÉPARATION **20 min** | CONGÉLATION **6 h** | CUISSON **5 min**

MATÉRIEL

1 moule à manqué de 20 cm de diamètre • 1 mixeur • 1 spatule souple en silicone

INGRÉDIENTS

Pour le pralin : 50 g de noisettes • 50 g d'amandes • 100 g de sucre en poudre • Huile neutre
Pour la glace : 3 œufs • 120 g de sucre en poudre • 100 g de miel d'acacia • 40 cl de crème liquide

1. Préparez le pralin : faites griller les noisettes et les amandes dans une poêle à sec, pendant 3 min. Remuez sans arrêt. Réservez. Réalisez un caramel à sec : faites cuire 100 g de sucre dans une petite casserole, sans remuer, à feu moyen, jusqu'à ce qu'il prenne une belle couleur ambrée. Éteignez le feu et ajoutez les fruits secs. Remuez pour bien les enrober de caramel et versez rapidement sur une plaque huilée. Laissez durcir. Cassez la nougatine obtenue et déposez-la dans un mixeur. Mixez jusqu'à l'obtention d'une poudre : le pralin.

2. Préparez la glace : séparez les blancs d'œufs des jaunes. Fouettez les jaunes avec 120 g sucre, jusqu'à ce que le mélange blanchisse. Réservez. Faites bouillir le miel. Fouettez les blancs en neige bien ferme. Ajoutez le miel bouillant en le versant sur le bord pour éviter les projections. Continuez de battre jusqu'à ce que le miel ait un peu refroidi. La meringue doit devenir lisse et brillante. Incorporez la meringue aux jaunes. Mélangez délicatement. Montez la crème liquide bien froide en Chantilly. Ajoutez-la à la préparation, mélangez délicatement à l'aide d'une spatule, puis saupoudrez de pralin.

3. Versez la préparation dans un moule à manqué et congelez pendant 6 h. Sortez le nougat glacé 15 min avant de le servir.

CONSEILS

Vous pouvez décorer le nougat glacé de copeaux de chocolat ou d'un coulis au caramel.

À SAVOIR

Vous pouvez acheter le pralin déjà tout fait au supermarché, mais je vous conseille de le réaliser vous-même : il sera meilleur et beaucoup moins cher !

COQUILLE DE NOËL

1 brioche | **PRÉPARATION** 20 min | **REPOS** 2 h 15 | **CUISSON** 20 min |

MATÉRIEL

1 robot

INGRÉDIENTS

250 g de farine • 40 g de sucre en poudre • 12,5 g de levure fraîche de boulanger (ou 1 sachet de levure de boulanger déshydratée) • 6 cl de lait • 1 œuf • 60 g de beurre • 100 g de raisins de Corinthe • 1 jaune d'œuf (pour la dorure) • 50 g de grains de sucre

1. Dans le bol d'un robot, mélangez la farine et le sucre. Émiettez la levure dans le lait légèrement tiédi, remuez et laissez reposer pendant 3 min.

2. Versez le mélange lait-levure dans le bol du robot et pétrissez la pâte. Ajoutez l'œuf, puis le beurre. Pétrissez jusqu'à ce que la pâte devienne lisse, homogène et un peu élastique.

3. Couvrez le bol du robot avec un torchon et laissez lever la pâte dans un endroit tiède pendant environ 1 h 30, jusqu'à ce qu'elle ait doublé de volume. Ajoutez les raisins et pétrissez.

4. Placez la pâte sur un plan de travail légèrement fariné et dégazez-la. Découpez 3 pâtons : 2 petits et un gros. Formez 3 boules. Déposez la plus grosse sur une plaque de four recouverte de papier sulfurisé, puis les 2 autres aux extrémités.

5. Couvrez la brioche et laissez à nouveau lever pendant environ 45 min dans un endroit tiède.

6. Préchauffez le four à 180 °C (th. 6).

7. Lorsque la coquille est bien gonflée, badigeonnez-la de jaune d'œuf. Faites des entailles sur le dessus et parsemez de grains de sucre.

8. Enfournez la brioche pendant 20 min. Laissez-la refroidir avant de déguster.

À SAVOIR

La coquille de Noël est une spécialité du Nord que l'on prépare à Noël. On l'appelle aussi cougnou ou cougnole !

ANNEXES

TABLE DES RECETTES

DANS LA MÊME COLLECTION

FAIT MAISON

Apéros
Apéros dînatoires
Barbecue et plancha
Barbecue et plancha veggie
Biscuits et petits gâteaux
Bocaux, compotes et confitures
Chocolat
Classiques d'hier et aujourd'hui
Cocktails, jus et liqueurs
Cocottes et mijotés
Confitures, gelées et marmelades
Cuisine express
Enfants : mon premier livre de cuisine
Étudiants
Foie gras et terrines
Fumaisons et salaisons
Gâteaux
Gâteaux de maman
Glaces, sorbets et granités
Grands classiques sucrés
Gratins et tians
Les nouveaux gâteaux du dimanche
Macarons & meringues
Mes cocottes qui mijotent, qui mijotent
Pains & viennoiseries
Pasta à l'italienne
Pizzas, quiches et cakes
Plats pour 4 à moins de 5 euros
Plats préparés à l'avance
Plats uniques
Poêlées complètes
Poissons & fruits de mer
Provence
Quiches, cakes & co
Recettes anti-gaspi
Recettes au robot cuiseur
Recettes pour bébés (0-3 ans)
Salades
Sans cuisson
Sauces, chutneys et marinades
Soupes et veloutés
Tartes
Tout chocolat
Wok

FAIT MAISON D'AILLEURS

Amérique du Sud

Asie

Cuisine créole

Enfants : mon premier livre de cuisine, recettes du monde

Espagne

États-Unis

Grèce

Inde

Italie

Japon

Maroc

Thaïlande

Vietnam

FAIT MAISON FRANCE

Bretagne

Provence

Recettes ch'tis

FAIT MAISON BON & SAIN

Anticholestérol

Anti-oxydants

Cuisiner sans gluten

Détox

Graines, céréales et légumineuses

IG bas

Pains et pâtisseries sans gluten

Plats uniques Veggie

Recettes Anticholestérol

Sans gluten

Sans lactose

Soupes Green & Detox

Vegan

Végétarien

FAIT MAISON
60 recettes fastoches, gourmandes et vegan élaborées avec amour.
VEGAN
KAREN CHEVALLIER
hachette CUISINE

FAIT MAISON
60 recettes fastoches et gourmandes pour rafraichir votre été élaborées avec amour.
GLACES & SORBETS
ÉVA HARLÉ
hachette CUISINE

FAIT MAISON
65 recettes variées, colorées et pleines de goût pour manger plus léger.
LIGHT

FAIT MAISON
65 recettes fastoches et gourmandes pour les beaux jours élaborées avec
BARBECUE
hachette CUISINE

RECETTES
FAIT MAISON
60 recettes chargées de souvenirs et élaborées avec amour à déguster en famille.
GÂTEAUX DE MAMAN
AURÉLIE DESGAGES
hachette CUISINE

RECETTES
FAIT MAISON
65 recettes fastoches et gourmandes pour les cuisiniers en herbe élaborées avec
ENFANTS
MON PREMIER LIVRE DE CUISINE
THOMAS FELLER
hachette

FAIT MAISON
70 recettes gourmandes venues de l'Est élaborées avec
ALSACE
EVA HARLÉ
hachette CUISINE

FAIT MAISON
70 recettes gourmandes et parfumées élaborées avec
INDE
POONAM CHAWLA
PUSHAN CHAWLA-BHOWMICK
hachette CUISINE

REMERCIEMENTS

Un grand merci à Jeanne, mon éditrice qui m'a fait confiance sur ce titre festif, malgré les derniers temps difficiles liés à la pandémie. Noël reste Noël !

Merci également à toute ma famille et à mes proches. Pensée à Papi qui ouvrait toujours les huîtres. En souvenir de tous les incroyables Noël avec tous les plats qui se succèdent sur les beaux plateaux en argent chez mamie.

Et merci, bien évidemment, à ma petite Hanaé qui cuisine à mes côtés pour n'importe quelle occasion !

Et pour finir, un grand merci à mes fidèles lecteurs du blog.

Éva Harlé

http://www.evacuisine.fr

Pour l'éditeur, le principe est d'utiliser des papiers composés de fibres naturelles, renouvelables, recyclables et fabriqués à partir de bois issus de forêts qui adoptent un système d'aménagement durable. En outre, l'éditeur attend de ses fournisseurs de papier qu'ils s'inscrivent dans une démarche de certification environnementale reconnue.

Direction : Catherine Saunier-Talec
Responsable éditoriale : Lisa Grall
Responsable de projet : Jeanne Mauboussin et Chloé Blanche
Responsable artistique : Cecilia Rehbinder
Réalisation intérieure : Les PAOistes
Correction : Marie-Ève Foutiau
Fabrication : Amélie Latsch
Responsable partenariats : Dana Lichiardopol-George (dlichiardopol@hachette-livre.fr)

Dépôt légal : octobre 2021
55-9354-5/01
ISBN : 978-2-01-713837-2
Imprimé chez Rotolito S.p.A. en Italie

Retrouvez-nous
sur Facebook :
facebook.com/hachette cuisine

PAPIER À BASE DE FIBRES CERTIFIÉES

hachette PRATIQUE s'engage pour l'environnement en réduisant l'empreinte carbone de ses livres. Celle de cet exemplaire est de :
0,85 kg éq. CO_2
Rendez-vous sur www.hachette-durable.fr